O que a pandemia interpela a professores e professoras

ALESSANDRO AUGUSTO DE AZEVÊDO

feitoemcasa

AUTOR

Alessandro Augusto de Azevêdo

EDITORA

feitoemcasa

http://quixotesforrosebaioes.blogspot.com

End. Elet.: alessandroazevedo.ufrn@gmail.com

Natal, abril, 2020 (o mundo em pandemia...)

ISBN 978-65-00-02576-7

SUMÁRIO

I

A grande maioria dos professores que conheço estão vivenciando a experiência da pandemia do novo coronavírus mobilizados nas atividades à distância que, em alguma medida, têm que desenvolver. Seja na rede privada ou na rede pública, exclusive algumas situações bem particulares, esses profissionais estão revendo e reorganizando tempos, espaços, procedimentos e relações.

Não é um processo homogêneo. Em uma mesma cidade, escolas da educação básica estão funcionando com atividades por via remota e outras totalmente paralisadas. O mesmo acontece com universidades.

Em alguns casos, a decisão de gestores escolares e de sistemas em dar (ou não) continuidade ao período letivo escolar, a despeito dos efeitos da pandemia, tem considerado as condições de acesso do(a)s estudantes às redes de internet, mas também as condições de acesso às refeições diárias, já que a pandemia põe em causa os rendimentos das pessoas, atingindo, de forma mais acentuada e cortante, as camadas sociais economicamente subalternas. Nessas camadas estão não apenas aquela parcela da chamada "comunidade escolar" responsável pelas crianças e adolescentes que frequentam as escolas nos turnos diurno e vespertino, mas também aquele público quase invisível - jovens e adulto(a)s - que procuram a escola em favor de um projeto de reposicionamento social, através da modalidade Educação de Jovens e Adultos.

Em alguns casos, isso simplesmente é desconsiderado. É como se o(a)s estudantes tivessem a mesma qualidade do novo coronavírus: a invisibilidade. E, tomando a liberdade de utilizar o vírus como alegoria, podemos refletir que diante dessa qualidade aparecem duas atitudes básicas: uma, segundo a qual, por ser invisível, devo aprimorar minhas lentes, buscar microscópios e observar mais atentamente o que está acontecendo, vendo, inclusive, o que provocou que se chegasse ao ponto que chegamos.

Esta atitude carrega consigo não apenas a humildade cognitiva que se espera de qualquer olhar científico, que se abre ao desconhecido, à aventura do conhecer o outro em sua complexa inteireza, desafiado a se imiscuir nas tramas que tecem suas identidades, que estruturam certezas e deixam as portas da incerteza entreabertas para o trabalho pedagógico suscitar questões e reflexões. Uma atitude que serve como guia para qualquer movimento dialógico, de reconhecimento da alteridade como dimensão sem a qual não há processo pedagógico, e desse processo como experiência que deve se fundar em favor da lógica do encontro entre diferentes, postos em um mesmo espaço e colocados diante do mesmo desafio, ao que se impõe a produção de relações solidárias entre educadores e educandos, irmanada(o)s na assunção dos lugares dinâmicos de permanentes ignorantes e sabedores.

Há um conjunto de elementos que compõem visceralmente nosso(a)s estudantes - e em especial aqueles jovens e adulto(a)s que frequentam a modalidade EJA - cuja natureza está bem além dos muros da escola e que, por isso mesmo, são "invisíveis" aos olhos pedagógicos. Os constituem enquanto sujeitos, suas culturas, suas referências, opções políticas e morais. Mas, pelos corredores, pátios e salas de nosso sistema educacional, perambula um espectro cuja cultura pedagógica entende que uma vez atravessado o portão da escola, essa massa de elementos constituintes precisam ser deixados do lado de fora do portão de entrada, porque ou são perigosos ou desimportantes e, portanto, devem ser invibilizados, porque não cabem no processo pedagógico escolar, como não couberam anteriormente. Nessa perspectiva, a atitude de recebê-los agora, na idade "errada", "imprópria" ou "inadequada", nada mais é que uma tentativa generosa do sistema de recuperá-los do "tempo perdido". Uma visão errada, imprópria, inadequada e perdida no tempo, porque desconhece que o tempo de agora que os sujeitos vivenciam nada tem a ver com o tempo passado, nem com um futuro distante que nem mesmo a escola pode prometer. Ela deveria prometer, apenas, que estará à disposição das necessidades presentes que ele(a)s sentem e elaboram.

A atitude é aquela que também vemos por aí, estruturada numa ignorância pré-moderna, pela qual aquilo que não chega aos meus sentidos não existe. E não há que se perguntar se o problema esteja nos próprios sentidos e na própria sensibilidade. O que se impõe é que o calendário escolar seja cumprido, elastecendo ao limite da insensibilidade a noção de cumprimento de objetivos e metas, propagados pelos modelos de gestão administrativos mais afinados com o tecnicismo burocrático.

Nessa perspectiva, as diferenças individuais – que são, simultaneamente, coletivas, porque derivam de "lugares sociais" dos próprios indivíduos – de acompanhamento das rotinas, das dinâmicas e dos percursos curriculares, não entra no rol de preocupações das instituições escolares, senão para classificá-las e atribuí-las um código (uma nota) que hierarquiza quem conseguiu e quem não comseguiu chegar ao fim da jornada.

Essas diferenças são vistas como inevitabilidades a serem tratadas pelos próprios sujeitos que a vivenciam do lado de fora dos muros da escola e que estão no olho do furacão pandemônico. A capacidade de cada um escapar, ao fim de tudo isso, faz parte da "lógica natural das coisas", onde apenas os mais *issoouaquilo* sobrevivem, uma versão bem estúpida do pressuposto evolucionista de Darwin.

Nesse contexto de pandemia, as exigências (extemporâneas ou não) de cumprimento de atividades pedagógicas em atividades à distância coloca o(a)s profissionais de educação em um patamar bastante complexo de exercício da docência, reorganizando padrões, redefinindo padrões e processos, com o risco de uma extrapolação dos níveis costumeiros de estresse em razão das (novas) situações a que estão tendo que se submeter.

Como educadores, a imersão nessa nova rotinização da vida pessoal e profissional pode nos conduzir a pensar, tão somente, nas novas alternativas didático-pedagógicas funcionais à condição inevitável da distância entre nós e os educandos, propiciada pela quarentena. E, assim pensando, estaremos, quando muito, mitigando os efeitos desse distanciamento físico compulsório, possibilitando, tão-somente, o cumprimento do que estava estabelecido anteriormente à irrupção da pandemia, quando, também, já vivíamos um tipo de distanciamento entre nós e os educandos.

Agora, com o distanciamento físico compulsório, dado pela pandemia, a demanda de se manter os processos pedagógicos "vivos", ocorre de que os laços com o(a)s educando(a)s precisam ser (r)estabelecidos, sob novos formatos. O que antes era contingencial, superficial, agora emerge como imprescindível, estratégico. Dimensionar e planejar como desenvolver nosso trabalho frente a uma realidade tão complexa e delicada para nossos educandos nunca se colocou como um desafio tão premente quanto nos dias que correm.

A compreensão crítica desse contexto em que tudo está subitamente em suspensão e, ao mesmo tempo, acontecendo dentro de uma velocidade e formato inesperados (porque atentando contra a rapidez feroz e silenciosa dos tempos digitais), juntamente com os aprendizados que podemos extrair, devem nos implicar profundamente, não apenas como uma tarefa para consumo próprio ou de inquietação individual. Já sabemos que postos dessa forma os problemas, nossa capacidade de reagir, pensar e implementar soluções e alternativas, atomizados, solitários em nossas salas de aula, são pouco consequentes.

Os tempos que correm e os que advirão, em que os isolamentos e a crise econômica e social serão uma tônica, exigem que pensemos a construção de respostas e propostas para nossa ação, concreta e imediata, seja agora ou póspandemia, como obra radicalmente coletiva, de consensos construídos pelo exercício permanente do diálogo, da exposição contraditória de ideias, nos espaços (virtuais ou não) de formação (políticopedagógica) de educadores, mas, também, e principalmente, em espaços de diálogos com os próprios educandos.

Se antes da pandemia, a atitude e ação educativa atomizada já se revelava limitada e pouco consequente (ainda que pudesse encher de orgulho e satisfação o ego pessoal ou profissional de cada um de nós), a realidade da pandemia e a nova realidade que ela antecipa, expõe cada vez mais a necessidade de que diante de uma situação complexa, as respostas sejam articuladas coletiva e complexamente, ao invés de se materializarem como medidas esparsas, propostas e implementadas por indivíduos atomizados entre si.

Essa realidade se agrava, nesses tempos de pandemia, em razão da natural dispersão dos educandos em relação ao cotidiano dos processos educativos propostos pelo sistema educacional formal. No caso da modalidade EJA, essa dispersão, já presente, pode ser mais ampliada pela combinação da fugacidade das conexões virtuais com os efeitos da crise socio-econômica que desdobrar-se-á, desafiando, ainda mais, o modelo pedagógico que tenta enquadrar o sujeito educando da EJA em um ideal de ritmos e frequências tal como se dá no chamado ensino regular.

Porém, para dar conta dessas questões, precisamos operar em duas dimensões: uma, a de entender o que está em causa, em termos de contexto do nosso trabalho, e outra, a de entender como esse contexto se desdobra em termos das miudezas do nosso trabalho, concebendo, na medida do possível, todas as suas mediações. Uma coisa não se desvincula da outra. São partes entremeadas. E o laço entre elas se estabelece pela (maior ou menor) consciência que tenhamos da responsabilidade social que, como educadores, temos para, junto com os educandos, colocarmo-nos no exercício de entender todo esse processo, independentemente do formato, se presencial ou à distância.

II

Devo esclarecer, desde já, que o escrevo aqui é, primeiramente, um exercício de diálogo com esse (e outros) texto(s) e com colegas educadores, com os quais compartilho (in)certezas e questões, dentro de suas rotinas na educação de pessoas jovens e adultas, através de nossos encontros no Projeto EJA em Movimento, da UFRN. Ao longo deste texto, outras referências aparecerão e com elas tentarei formatar as bases do que penso e exponho aqui.

Nesse sentido, a fim de iniciar nossa discussão, tomo de empréstimo e como uma das referências, a leitura de um pequeno texto que circula pelos grupos e espaços virtuais, de autoria do prof. Boaventura de Sousa Santos - "A cruel pedagogia do vírus" - cujo título é, por si só, provocativo - onde nos é apresentado um comjunto de questões e indicações do que temos a ensinar e aprender com toda a situação gerada pelo COVID-19, por isso, a dimensão "pedagógica" que atravessa nossa relação com o vírus e a pandemia, no atual momento.

A recusa em refletir sobre elas, por quaisquer razões, podem fazer com que deixemos passar aos nossos olhos, de dentro de nossas casas trancadas, a oportunidade em iniciar um amplo movimento de transformação não apenas individual, mas, também, social. Por mais "invisível" que seja o vírus visibiliza um conjunto diversificado de questões que são pedagógicas e políticas simultaneamente, para os quais podemos, num ato esquizofrênico, optar em não ver, o que, numa leitura paulofreireana, poderia representar aquela dificuldade dos oprimidos em perceber sua própria condição e contexto de opressão.

Seria como se, ao contrário do que ocorre em "Ensaio sobre a Cegueira", do português Saramago, ao invés do vírus causar a cegueira, como efeito imediato e lógico de seu poder biológico, a cegueira produzida fosse efeito de um poder do vírus sobre nossas consciências, onde reside o compartimento de nossas escolhas. Inclusive o de ver, de fato, ou não, uma determinada realidade. Nessa obra, aliás, uma das questões que nos parece evidentemente colocada pelo autor é se o caos instalado na cidade teria sido causada pela "cegueira branca," provocada pelo vírus e espalhada pela cidade, ou se, na verdade, ele já existia, mas somente passou a ser "visto" com a emergência daquela cegueira coletiva.

É o tipo de pergunta que, tragicamente, revela o poder premonitório da arte em relação aos fatos da vida e, uma vez postas em nossos colos sob quarentena, nos retira da zona de conforto e nos coloca na zona de incômodo. Pelo menos, àqueles que escolherem por fazerem o que a pandemia tem nos induzido desde o início: parar de reproduzir mecânica e irrefletidamente a rotina a que estávamos acostumados e nos enfiarmos numa nova rotina onde abrem-se possibilidades de se refletir sobre o sentido e a velocidade dessa rotina retroalimentada pela crise de nossa existência contemporânea.

É o momento de pararmos e nos colocarmos na perspectiva apontada por Freire (1987), ao justificar sua "Pedagogia do Oprimido": nos impondo à sensação de nos desafiarmos pela dramaticidade da hora atual, nos propondo a nós mesmos como problema, pois a pandemia do novo coronavírus revela, mais uma vez, nossas limitações quanto ao que sabemos de nós mesmos, do nosso "posto no cosmos", nos interpelando sobre o quanto mais devemos e precisamos saber.

Este reconhecer da própria ignorância que carrega uma tintura de trágica descoberta, pode nos levar ao caminho da resignação à essa condição, entregando nossa consciência aos mares das razões fantasiosas ou das narrativas teológicas conservadoras, que, no limite, se constituem em fanatismos destruidores da vida, porque destruidores de nossas esperanças, porque as exilam do tempo presente e da realidade do agora, entregando-as à abstração imobilista/ imobilismo abstrato.

Mas, a assunção dessa nossa ignorância pode, ao contrário, adquirir um sentido mobilizador, ativo e criativo, se colocar a nós mesmos como problema, não esse "nós" individual e subjetivo ("cada um fazendo sua parte todos ganharão!") - que alimenta o mercado editorial de livros de auto-ajuda e um discurso ingênuo que mal arranha as estruturas socioeconômicas -, mas como encontro coletivo dos que se colocam como problema ("cada um, junto com os demais, compartilhando sua parte, todos ganharão!"), e que - como coletivo dialógico, isto é, aberto ao livre transitar dos contraditórios - realiza o exercício permanente de se construir perguntas, respostas e respostas que nos levem a novas perguntas.

Esse colocar-se como problema, neste momento, nos traz às questões apontadas pela tradição indígena, tão bem traduzida por um dos seus mais brilhantes filósofos, o brasileiro Ailton Krenak. Em texto de circulação recente - "O Amanhã não está à venda" - ele discute a emergência do abandono da lógica antropocêntrica, da narrativa que aprendemos de que como humanidade nos alimentamos da natureza, posta à nossa disposição como coisa à parte e exterior a nós, quando ela - a natureza - é o cosmos e, assim sendo, nos integra fazendo de nós parte dela, tanto quanto as outras formas de vida presentes neste planeta.

III

A forma específica como pensamos nossa relação com esse cosmos e como efetivamente nos relacionamos com ele está posto em questão pelo poder invisível do novo coronavírus, na forma de uma pandemia. E sua entrada na cena histórica mundial nos traz o tamanho da crise que a humanidade alimentou ao longo das últimas décadas que a precederam.

Nesse sentido, seguindo as pegadas de Boaventura de Sousa Santos, com o novo coronavírus assistimos a crítica da instituição de uma "normalidade da exceção". Ou seja, a crise provocada pela pandemia apenas escancara e acentua a crise permanente sob a qual estamos enfiados desde a imposição do neoliberalismo como versão mais antissocial produzida pelo capitalismo em escala mundial, a partir de meados dos anos 1980.

Essa crise, na medida em que se revela como "permanência", ganha ares de "normalidade" se confundindo com o próprio transcorrer dos processos excludentes que promove, dada a qualidade "elástica" (e "porosa", eu acrescentaria) do tecido social em sua historicidade. Os modos de viver dominantes (trabalho, consumo, lazer, convivência) têm a aparência de se constituírem como processos relativamente rígidos e imutáveis, quando, na verdade, se organizando como a dinâmica dos movimentos das placas tectônicas, que vão alterando paulatina e, na maioria das vezes, despercebidamente, a conformação do manto terrestre.

Essa aparência de "normalidade" tenta tornar "invisível" (como um vírus) e "natural" (como seria a "lógica das coisas") não apenas a crise do capitalismo instaurada pelo neoliberalismo, mas a própria percepção de sua "permanência", entre os diversos grupos sociais, naturalizando seus efeitos e causas e, assim, alienando-nos da possibilidade de nos aventurarmos em caminhos que não sejam aqueles já traçados ou "possíveis" porque desdobramentos "naturais" das premissas do já existente, ou seja do que é tido como "normal".

Refletir sobre soluções que escapem do que é tido como "normal", implica, muitas vezes, o exercício de se "ver" e não apenas "olhar" o que está em volta. Exige-nos, portanto, por vezes, a atenção necessária a que se problematize o que, aparentemente, se considera parte tranquila do instituído.

Gosto, de me utilizar, a título de ilustração, de situações como a que a crise do novo coronavírus fez emergir com força, como, por exemplo, o discurso da "solidariedade", em razão dos efeitos devastadores entre as camadas mais pobres da população.

À propósito, quando pensamos nessa palavra, nos dias que correm, ela se associa, quase inevitavelmente aos movimentos de doação de mantimentos e comida, a fim de atender àqueles que tiveram seu presente e seu futuro exterminados pela crise socioeconômica que a pandemia gerou. São levas e mais levas de grupos e pessoas voltadas a essa

tarefa, cuja generosidade é inquestioná-
vel.

Contudo, uma análise mais atenta dos contextos em que esses discursos circulam, inclusive quem está proferindo esse discurso, nos alerta para algumas questões como, por exemplo, a confusão que se faz entre "solidariedade" e "caridade", como se a fronteira entre elas fosse turva ou inexistente.

No meu entendimento, ao contrário da "solidariedade", o que temos visto vice-jar, preponderantemente, antes da crise do novo coronavírus e mais ainda agora, com ela, é a modalidade assistencialista da caridade. Isso não torna nenhuma das ações melhores ou piores, dignas ou não, mas é contraproducente a confusão de conceitos, a indi(li)gência em tratarmos como sinônimos fenômenos distintos.

E aqui a etimologia nos dá um auxílio precioso. A expressão caridade vem do latim caritas, que significa "afeto" ou "estima". Trata-se, pois, de um sentimento e como tal tem na subjetividade o seu nascedouro, o espaço de manutenção e de produção dos parâmetros que lhe mantém.

E nesse espaço extremamente amplo e complexo de entendimentos, os contornos que delimitam alguém "caridoso" como aquela pessoa que doa bens, esmolas e realiza campanhas de doações e auxílios, trabalhos voluntários.

Por um lado, pode nos trazer uma imagem de alguém que se devota ao outro, por um sentimento profundo de irmandade (seja perante Deus, qualquer outra divindade, ou uma causa, assentadas em valores políticos, morais, culturais, sociais), de desapego espiritual ou de reforço do sentimento de pertencimento a um grupo social, familiar, comunitário, etc.

Seja como for, há um traço vertical que organiza essa relação entre o autor da caridade e quem a recebe, podendo, sob determinados aspectos, implicar numa diminuição simbólica daquele que é objeto da ação caridosa, dado que o outro que é objeto da ação "caridosa" o é por uma escolha que se dá no âmbito da privacidade de quem se propõe a ofertar-lhe a respectiva ação "caridosa". Em grande parte, essa escolha é "privada", também, porque aquele que recebe a ação não foi visto pela ação do poder público, representação da preocupação da sociedade. O laço aí estabelecido se estrutura em um sentimento de piedade, que apenas mitigará a tragicidade de sua condição atual, mas não alterará sua condição de subordinação e indignidade, em relação ao restante da sociedade, inclusive, a quem te ofertou a ajuda.

Outra dimensão dessa questão está em que a caridade pode esconder uma lógica de autoconsumo individualista, cuja ação não reflete a consciência do "caridoso" da problemática em sua complexidade, mas uma relação egoísta com o ato da caridade em si, de modo que a finalidade não é, efetivamente, alterar as condições geradoras do problema, mas tão-somente sentir-se bem consigo mesmo (e "com o mundo", dizem muitos desses). Trata-se, pois, de uma "generosidade" que tem por última finalidade beneficiar ou satisfazer o próprio colocado como generoso doador, ensimesmado nas suas razões egoístas, que, em alguns casos, se traduz em ascender ao reino dos céus ou de se (auto)afirmar como "bom" perante os outros com quem se relaciona ou deseja ser "visto".

Essa "generosidade" se banha (cegamente?) nas águas das estruturas de opressão, porquanto não se propõe ultrapassá-la, se resignando à sua existência, se alimentando, em última instância, dela mesma, já que a condição de sua manifestação (por vezes sorridente e autorreferida) é a presença "visível" da iniquidade e da injustiça, as quais são o cenário de gestação do que, para esses "generosos" sujeitos, revelam sua "superioridade" e "humanitarismo".

Não há como analisarmos esse fenômeno sem nos remetermos a Freire (1987) quando inicia sua análise das contradições entre opressores e oprimidos, apontando que a permanência da injustiça enquanto ordem social é a fonte dessa "generosidade". Nesse sentido, travestida de hombridade, na verdade, se nutre da morte, do desalento e da miséria daqueles a quem se diz devotada. Mais do que isso, não é incomum que entre os que se alinham a essa lógica, estão aqueles vomitadores de discursos cujos conteúdos são de ataque à constituição de estruturas oficiais de segurança social para os que sofrem os efeitos cortantes das desigualdades econômicas.

Para utilizarmo-nos de uma imagem absolutamente contemporânea, trazida pela crise do novo coronavírus, aquele momento de caridade pode ser comparado a um respirador mecânico que apenas fará com que o atendido possa sair da situação temerária de imediata possibilidade de morte. Mas para sua plena recuperação, mais do que um respirador, é preciso uma sólida estrutura de saúde, sanitária e ambiental.

Tal como fizemos com o termo "caridade", em relação a "solidariedade" faremos a mesma viagem etimológica, o que nos leva ao encontro do significado que a palavra "solidariedade" tem no francês, associado a "responsabilidade mútua", cunhada em 1765, a partir da expressão *solidaire*, que significa "inteiro, completo, interdependente", e de *solide*, oriundo do latim *solidus*, o mesmo que "firme, inteiro, sólido". Solidariedade, portanto, advém, etimologicamente, da ideia de solidez e consistência, e na sua raiz latina gera substantivos como *solum*, associado a fundamento e apoio, bem como os verbos *solidare* (consolidar, segurar, fazer sólido) e *solidescere* (fazer-se sólido, comsolidar-se).

Uma vez feita essa rápida pesquisa (possível em qualquer dicionário em qualquer página de internet) podemos perceber que o exercício da solidariedade não se relaciona com "solidão", seja no semtido de exercício solitário e anônimo de ajudar alguém em necessidade ou mesmo como exercício coletivo de momentaneamente retirá-la da condição de quem se encontra na solidão do desamparo.

A solidariedade implica, pois, constituir e constituir-se como parte de algo maior, capaz e com o objetivo de solidificar, consolidar, tornar algo sólido. Nada disso é possível senão como obra coletiva, de sujeitos que partilham esses laços e, para além, se organizam para que esses laços, porque sólidos, sejam permanentes e não episódicos e dissolvíveis. É o campo propício para estruturas de cooperação e abre infinitas possibilidades de ações e organizações humanas que se pensam não em concorrência umas com as outras, num processo cujo resultado é a vitória de alguns e a derrota de outros, mas o mútuo crescimento, na medida da participação e envolvimento de cada um de todos.

É por isso que registra-se em determinadas quadras da história os segmentos subalternos da população - a velha classe operária e as classes camponesas, por exemplo, para nos utilizarmos de uma imagem mais clássica -, conscientes de sua fragilidade permanente (e não temporária ou episódica) no contexto da sociedade capitalista, demandaram lutas intensas e recorrentes para que as estruturas do Estado pudessem lhes garantir condições mínimas para poderem reproduzir suas próprias existências. Um salário mínimo. O direito a descansos semanais e anuais. Condições para que seus filhos pudessem estudar. Para que quando adoecessem, pudessem ser atendidos numa unidade de saúde. Demandaram uma proteção mínima para si e suas famílias em momentos de crise econômica com desemprego em massa. E que, quando já não pudessem trabalhar, tivessem o apoio solidário de todos os demais para que a etapa final de sua vida fosse o mais tranquila possível. Tudo o que as classes dominantes já tinham e que lhes era privativo.

A lógica proposta era/é simples: se essas classes subalternas contribuíam todos os dias com a produção da riqueza social, essa riqueza deveria ser, ao invés de apropriada privativamente por alguns poucos, solidariamente, compartida por todos, especialmente eles que estavam na base do sistema produtivo. A solidariedade, portanto, tinha/tem um caráter essencialmente político e não se dissolve como um sentimento individual, mas projeto coletivo.

A solidariedade, portanto, têm um princípio democrático e democratizante incrustado em suas entranhas, na medida em que ela não se faz senão como obra de uma construção democrática em seus fins, mas, principalmente em seus meios, porque resulta da assunção da ideia de pertencimento a uma mesma comunidade de destinos, dado que, em que pese as diferenças entre os segmentos sociais, se organiza para garantir a todos, indistintamente, fundamentos básicos e dignos que liguem uns e outros à manutenção da própria vida.

Nesse sentido, a solidariedade tem uma dimensão *biófila*, no sentido propugnado por Fromm (1967), porquanto supõe que sua construção se pauta em eixos ancorados na eleição da vida (e não da morte) como estrutura orientadora - aqui pensada não numa perspectiva biológica, mas como estados do ser, do modo como nos relacionamos com o mundo, com os outros e conosco mesmos. Assim, temos, nos processos de solidariedade, o reconhecimento da vida como dinâmica constante de mudanças e renascimentos permanentes, espaço de valorização e produção da criatividade, dos ineditismos humanos, ou seja, nos coloca no campo da busca e da realização de condições de vivências emancipatórias, onde não apenas experimentamos a liberdade "de", mas a liberdade "para", dialogando, aliás, com a noção da "vocação de ser mais" dos humanos, apontada por Freire (1987).

Poderíamos dizer, ainda nas pegadas de Fromm (1967), que a agenda neoliberal materializou uma orientação necrófila, no sentido de afirmar e valorizar processos, mecanismos e comportamentos de aprofundamento da "coisificação" dos recursos naturais, das pessoas, dos seus tempos, de suas rotinas, de seus projetos, de suas relações entre si e com o mundo.

Uma agenda fundada na lógica da mercantilização de todas as dimensões das nossas vidas, tornando as pessoas meras "repetidoras" da "ordem" presente, onde impera a cultura meritocrática e competitiva, pela qual apenas os "mais aptos", "mais capazes de adaptação" e, portanto, "merecedores", sobrevivem e alcançam as benesses do que é oferecido. E ainda que, em alguns casos, nem se trate de benesses, mas "restos" que caem das mesas fartas das burguesias, nesse receituário, não há a menor possibilidade de se pensar o Estado como contrapeso a essa dinâmica avassaladora de perda de direitos e desumanização da vida, dada a sua demonização como instância devoradora dos recursos produzidos pelo todo social, razão pela qual haveria de ser "diminuído" em funções e responsabilidades.

A força dessa orientação necrófila está em sua materialidade como projeto civilizatório, de modo que não apenas em seu *fazeracontecer* submete as classes, no sentido de impô-las a uma determinada dinâmica social de espoliação de suas capacidades e recursos pessoais, bem como da sua relação com a natureza, em favor da lógica da lucratividade e da rentabilidade financeira.

Mas, principalmente, a força e a ferocidade dessa orientação fundada numa visão mórbida da existência humana está em sua capacidade de tornar os próprios sujeitos subalternos funcionais no processo de naturalização desse sistema como único horizonte possível, na medida em que introjetam seus valores morais e culturais e se colocam como ativos promotores/reprodutores desse projeto de civilização em suas práticas sociais, de relação entre si e com o mundo.

IV

Como resultado da vitória das políticas necrófilas impulsionadas pelo neoliberalismo, tivemos, em escala mundial, a progressiva destruição das estruturas públicas de proteção da vida das pessoas e o aprofundamento dos mecanismos de pauperização das condições de existência e espoliação dos recursos e comdições de reprodução ecológica do planeta.

Aqui, o diálogo com Boaventura de Sousa Santos retorna potente, na medida em que, em sua percepção, uma das revelações mais potentes do novo coronavírus, foi, exatamente, a diferença de capacidade de enfrentamento dos efeitos da pandemia quando comparamos aqueles países que aderiram ao receituário neoliberal e aqueles onde as estruturas de proteção social ainda se mantiveram fiéis, em alguma medida, aos modelos do chamado Estado de Bem-Estar Social, fundados, não coincidentemente nos princípios da solidariedade social.

O vírus expôs o perigo, a fragilidade, e a falácia que foi/é a implementação da agenda neoliberal de redução do papel do Estado e de precarização dos serviços públicos, em favor da lógica do mercado, e da extração de lucro como princípio do modus operandi da economia. De modo que todos os governos que se alinharam a essa agenda colocaram em risco a população de seus países, na medida em que tornaram ineficazes e ineficientes as estruturas públicas de acolhimento e tratamento dos cidadãos afetados pela pandemia.

Não precisamos nos adentrar na discussão sobre os eixos estruturantes do neoliberalismo. Há toda uma literatura sobre isso, produzida por pesquisadores das mais diversas áreas que nos ajudam muito a entender esse fenômeno. A questão que, me parece, se torna relevante, é que o vírus aparece-nos como uma alegoria cruelmente perfeita para nos revelar os efeitos da presença e do modus operandi produzido histórica e socialmente pelo Mercado, colocado por Boaventura, ao lado do Colonialismo e Patriarcado, como um dos "invisíveis todo-poderosos" com os quais convivemos de forma subordinada.

Em correspondência com a definição de "Sul" que acompanha a produção do nosso autor português, para quem, com essa expressão, designa-se não um espaço geográfico, mas um espaço-tempo político, social e cultural, consubstanciando-se na metáfora do sofrimento humano injusto causado pela exploração capitalista, pela discriminação racial e pela discriminação sexual (SANTOS, 2020, p. 15), em consideração à "nossa" realidade, poderíamos acrescentar, talvez, as relações herdadas do Escravismo, como um desses "invisíveis todo-poderosos" que atuam na regulação das formas de relação e apreensão social dos fenômenos.

Nessa nossa realidade, para ficarmos em um exemplo recente, as reformas trabalhista e previdenciárias cristalizaram a vitória de um projeto que visa destituir a sociedade de direitos básicos, suprimindo o alcance do Estado como instância de regulação de conflitos e proteção social, ao entregar todas as esferas relevantes das contratualidades sociais para a selva do Mercado e a ferocidade dos mecanismos e das corporações financeirizadas.

O poder de "invisibilidade" desses todo-poderosos mecanismos de modelagem das relações possibilita que os seus princípios estruturadores escapem do alcance de qualquer questionamento quanto aos seus vínculos com a dinâmica da vida real das pessoas, especialmente nos seus espaços de formação humana (escolares e não escolares). Não menos ruim, são as situações em que a força com que foram "naturalizados" os tornam pedras fundamentais irremovíveis de nosso modo de viver e, consequentemente, objetos "irrelevantes" de qualquer debate público, porque se constituem no "normal" instituído e considerado como único válido, impermeável a quaisquer "inéditos".

Essa "naturalização", ou rendição intelectual ao "normal instituído", tem como efeito a perda do potencial crítico da reflexão humana sobre a natureza dos processos mórbidos (porque produzido por um projeto necrófilo de civilização) que geraram a crise em que nos encontramos e que foi aprofundada com a pandemia do novo coronavírus. Contudo, como forma de exercitar um contramovimento crítico e reflexivo que procura romper com essa subordinação do pensamento ao imobilismo trágico, temos nas contribuições já assinaladas de Boaventura de Sousa Santos e Ailton Krenak, nossas inspirações principais.

Nesse sentido, temos presente que o invisível vírus desnudou, de forma radical e súbita, a responsabilidade da "normalidade" capitalista pelo caos em que nos encontramos. Há um preço que está sendo pago por todos nós pelas opções de modelo civilizatório (leia-se: as formas e os conteúdos que definem e organizam a reprodução de nossa própria existência como espécie) que social e historicamente as classes dominantes nos impuseram e que, com maior ou menor resistência, adotamos, ao aceitarmos.

De modo que é está cada vez mais evidente (e precisamos ter a clareza disso) a pandemia que estamos vivenciando neste momento não é resultado de um "descuido" humano ou uma "loucura" da natureza, mas o resultado das escolhas humanas, desde séculos passados, por um determinado modo de se viver (esse modo tem nome: capitalista), antropocêntrico, predatório, consumista, produtor de desequilíbrios de magnitudes diversas e em múltiplos territórios, cujos efeitos afetam o sistema biológico do planeta, dentro do qual estamos inseridos como uma (ínfima) parte.

Uma das evidências mais impactantes que temos presenciado, tem sido o fato de que, uma vez suspendido em escala mundial o cotidiano voraz e veloz, instaurado secularmente, o próprio planeta começa a reagir e se revelar como há muito tempo não acontecia e têm sido noticiado amplamente pela mídia.

Esvaziando ruas e indústrias, o novo coronavírus provocou impactos que põem em causa, fortemente, as mudanças climáticas, na medida em que, por exemplo, a emissão de poluentes despencou conforme os países foram fechando fábricas e lojas, e suspendendo a circulação de veículos nas ruas. Na China, com a pandemia, a emissão de dióxido de nitrogênio, um gás altamente poluente despencou a ponto dos satélites da NASA captarem seu quase sumiço sobre aquele país. Em Veneza, na Itália, as águas turvas dos canais de Veneza estão agora cristalinas. E na Índia, desde o final da Segunda Guerra, o topo do Himalaia não era visível como agora, face a redução da emissão de poluentes no ar.

A crise produzida pela pandemia, portanto, apenas estica os limites de uma crise permanente que já vivenciávamos anteriormente a ela e que não ocupava os grande espaços de discussão pública e de formação humana, porque "naturalizada", tornada o "normal instituído" e, como tal, apenas reproduzida mecanicamente, na medida em que capaz de alimentar o sistema econômico e sua fome voraz e impiedosa, eliminadora da diversidade biológica e étnica, supressora de direitos humanos impeditivos de sua expansão financeira e afirmadora de um *ethos* estimulante dos nossos instintos mais mórbidos, como a competição e a meritocracia.

Para Boaventura de Sousa Santos, a discussão dessas questões se impõe como desafio tanto aos políticos como aos intelectuais. Em relação aos políticos, porque a política ao invés de se configurar como instância mediadora entre as diversas ideologias e as necessidades e aspirações do conjunto dos cidadãos, se desvencilha desse papel a não ser quando a pauta em questão permeia ou afeta diretamente os interesses de um dos "invisíveis todo-poderosos", o Mercado, a quem o autor denomina de "megacidadão informe e monstruoso", intocável e rarefeito a deveres e pleno de direitos. Quanto aos intelectuais, perdidos nas roda-gigantes de suas pequenas-grandes divergências ideológicas, reproduzem velhas práticas de escreverem sobre o mundo, mas não com o mundo.

Quando Boaventura se refere aos "intelectuais", ele se refere aos "grandes" pensadores, capazes de, com suas reflexões, se dirigirem e pautarem as reflexões de amplos coletivos humanos (intelectuais ou não) e operarem nas decisões e escolhas que fazem sobre os rumos de suas vidas.

Para nós, professores, absorver o golpe da crítica de Boaventura de Sousa Santos, aos intelectuais, implica, primeiramente, que nos reconheçamos, igualmente, como tais, o que não parece ser um consenso no próprio meio pedagógico, já que ainda encontramos entre gestores e professores, uma visão de que o trabalho docente se restringe à mera execução performática das aulas - o que, aliás, fez com que um velho amigo professor caicoense, com sua verve crítica e irônica afiadíssimas, uma vez me dissesse: "-Pensam que somos 'dadores de aulas'."

Se o conhecimento é nossa matéria-prima e temos, como dimensão de nossa atividade profissional, a reflexão sobre ele, precisamos pautar em nossos espaços formativos a medida de nossa inserção nesse processo não como meros repetidores do pensado e incutido nas (entre)linhas de nossos livros didáticos e propostas curriculares, mas como problematizadores da realidade que estamos vivenciando e do quanto o conhecimento circulante (e do qual lidamos cotidianamente) pode (ou não) nos auxiliar nessa problematização.

O ponto que se impõe é: estamos discutindo essas questões - a crise permanente que nos engole e as outras crises que ela engendra e se impõem a nós como delimitadoras de nossas escolhas e utopias pessoais ou coletivas - com o conjunto dos cidadãos (especialmente nossos estudantes) ou deixando que elas sejam assumidas como preocupações daqueles cujas abordagens tradicionalmente "irracionalizam" a discussão, como estão fazendo sacerdotes fundamentalistas espalhados em todas as linhagens religiosas ou pelos segmentos políticos que de tanto naturalizarem a crise permanente do capitalismo somente discutem soluções e alternativas nas cercas do que o próprio capitalismo coloca como possível.

Questionar este modo de viver, instaurado e tornado "normal", em suas mais diversas dimensões, se coloca como a primeira e principal tarefa dos intelectuais-professores que estão comprometidos em (ainda agora e/ou depois da quarentena) trabalhar pedagogicamente os currículos e o conhecimento com seus estudantes. Não se trata mais de se apropriar de conceitos, habilidades e competências para um futuro que não sabemos quando chegará nem para nós nem para eles. O vírus pôs em suspensão qualquer futuro, expondo os erros do nosso modo de viver presente, construído e consolidado desde um passado não muito remoto.

Se nossas aulas farão de conta que essas questões são distantes da nossa vida e de nossos estudantes, modestamente me pergunto qual a serventia de um processo pedagógico escolar: apenas garantir certificados, históricos e conferir graus mais ou menos elevados a um bando de cidadãos e cidadãs que continuarão vivendo funcionalmente a um modo de vida que devora, com uma ferocidade infinda, a si e nós mesmos, a seus e nossos amores? Seremos, ou continuaremos sendo, meros "dadores de aula", prescritores de conteúdos, normas, valores e competências exteriores aos dilemas, perguntas e angústias dos nosso(a)s estudantes, ou cidadã(o)s-intelectuais cuja tarefa de trabalhar em processos educativos com outro(a)s cidadã(o)s, traz a responsabilidade inelutável de estar com eles no tratamento desses dilemas, perguntas e angústias?

Certamente, não há um só professor que não compreenda que nossa profissão é um instrumento civilizador e se assim é o que está em pauta é qual civilização queremos para nós e para os que nos cercam. Nesse sentido, a pergunta que se impõe é: afinal, se a "ordem natural" que temos é, em última instância, a razão/ causa do caos que estamos vivendo hoje, quando retornarmos da quarentena, desejaremos o retorno desta "ordem natural" ou precisaremos iniciar o processo de quebra-la e inventar outra? Quantos vírus e quantas pandemias deveremos esperar para iniciarmos a quebra da ordem que gerou toda essa situação e inventarmos outra?

Se não entendermos que "o normal" (o capitalismo predatório, patriarcal, colonialista, racista e promotor da ética consumista e meritocrática selvagem) atualmente instituído em suas várias dimensões gerou esta situação em que nos encontramos, não teremos como inventar um "novo normal" depois da quarentena. Trata-se, portanto, de colocarmos a pauta da civilização que desejamos construir não em um futuro distante, mas no agora emergente e emergencial em que estamos vivendo.

Esta tarefa e estas perguntas, já deveriam estar enfiadas em nossas práticas curriculares desde muito tempo, mas estão expostas agora pelo vírus, exigindo de todos nós atitude: (ainda mais na EJA, onde estão sujeitos que, particularmente, sofrem os efeitos das desigualdades desse mundo) nossos currículos, nossos conteúdos farão de conta que nada disso existiu/ existe (e, portanto, não nos preparará para novas quarentenas) ou pautaremos essas questões a fim de que, junto com nossos estudantes e colegas, possamos iniciar um novo tempo, de criação de uma nova normalidade, impondo ao debate público uma outra agenda, que implica um novo modo de viver, de relação com a natureza e entre nós?

Nosso desafio, como intelectuais-professores, é conduzir nosso trabalho pedagógico a partir da pergunta: "se o normal que tínhamos antes criou tudo isso" que novo/outro "normal" precisamos?

As respostas, são, sem sobra de dúvidas, difíceis, complexas e demandam uma construção cujas teias e tramas não se resumem à tarefa solitária de um ou outro professor, na solidão de seu quarto ou sala de trabalho, alinhavando "objetivos", "sequência de conteúdos", e "procedimentos metodológicos", em acordo com sua formação inicial e área de conhecimento que se vincula.

Exigirão, pelo contrário, o reconhecimento crítico de que há um "normal" instituído nas nossas práticas pedagógicas e condutas como educadores e educadoras cuja falência também está sendo posta pela lógica dissolutiva do vírus e da pandemia.

Atentar-se sobre elas pode ter como objetivo e consequência o ajuste de metodologias, ritmos e condutas frente ao imediato e superficial efeito produzido pela pandemia, em que precisamos estar distantes de nossos coletivos de estudantes, com medida de proteção mútua. Essa é a necessidade imediata. Mas, mesmo em relação a ela, podemos dizer, trata-se da necessidade criada pelo "normal" anterior. E os embates sobre as alternativas de continuidade do cumprimento do período escolar, via atividades remotas têm mostrado que, rigorosamente, elas não conseguirão alcançar ao coletivo de estudantes, dadas as abissais diferenças entre ele(a)s no acesso a redes de internet, sem falarmos nas novas condições emocionais e de existência que a crise socioeconômica está impondo a ele(a)s mesmo(a)s e seus familiares. Neste quesito, também, pode-se simplesmente dissimular os elementos constituintes da problemática, inviabilizar essas diferenças, e cumprir "formalmente" o período letivo, homogeneizando o heterogêneo, padronizando a diversidade, o que, a rigor, não é novidade, pois antes da pandemia essa lógica já era a predominante, ou seja, "normal".

Outro caminho pode ser o reencontro com propostas pedagógicas que sempre pensaram que o "normal" poderia ser revisto e reinventado, dissolvendo as fórmulas homogeneizantes e padronizantes, em favor do reconhecimento da diversidade de situações existenciais e da importância de colocar os processos pedagógicos em favor da compreensão crítica e resolução das problemáticas que emergem da própria existência dos sujeitos educandos e educandas, seus medos, suas alegrias, suas angústias e esperanças.

No limite, o momento é propício, até mesmo, para que possamos, juntos, em um esforço de reflexão coletiva permanente, revisar e reinventar essas propostas e colocá-las em um novo/outro patamar de diálogo com os desafios contemporâneos trazidos pela pandemia. No limite, podemos reinventar a nós mesmos e inventar uma nova pedagogia. Essas possibilidades sempre se colocam quando os humanos se veem imersos em momentos históricos em que se deparam com amplas e graves questões existenciais. E este parece ser um desses momentos. Podemos aproveitá-lo ou deixá-lo passar como os ventos que passam defronte nossas janelas impermeáveis em razão da pandemia.

REFERÊNCIAS

FREIRE, Paulo. *Pedagogia do Oprimido*. Rio de Janeiro: Paz e Terra, 1987.

KRENAK, Ailton. *O Amanhã não está à venda*. São Paulo: Companhia das Letras, 2020.

SANTOS, Boaventura de Sousa. *A Cruel pedagogia do vírus*. Coimbra: Almedina, 2020.

SARAMAGO, José. *Ensaio sobre a cegueira*. São Paulo: Companhia das Letras, 1995.

FROMM, Erich. *O Coração do homem*. Rio de Janeiro: Jorge Zahar, 1967.

9 786500 025767